[美] 理查德·威科夫 Richard Wyckoff 杰西·利弗莫尔 Jesse Livermore 著 肖凤娟 译

JESSE
LIVERMORE'S METHODS OF
TRADING IN STOCKS

利弗莫尔的股票交易方法

量价分析创始人威科夫

独家专访股票作手利弗莫尔

中国青年出版社
CHINA YOUTH PRESS

图书在版编目（CIP）数据

利弗莫尔的股票交易方法：量价分析创始人威科夫独家专访股票作手利弗莫尔 /
（美）理查德·威科夫，（美）杰西·利弗莫尔著；肖凤娟译.
—北京：中国青年出版社，2017.4
书名原文：Jesse Livermore's Methods of Trading in Stocks
ISBN 978-7-5153-4285-6

Ⅰ.①利… Ⅱ.①理… ②杰… ③肖… Ⅲ.①股票交易 – 基本知识 Ⅳ.①F830.91

中国版本图书馆CIP数据核字（2016）第315631号

Jesse Livermore's Methods of Trading in Stocks by Richard Wyckoff and Jesse Livermore
© 2016 by Dewey Press
Simplified Chinese translation copyright © 2017 China Youth Press
All rights reserved.

利弗莫尔的股票交易方法：
量价分析创始人威科夫独家专访股票作手利弗莫尔

作　　者：[美]理查德·威科夫　杰西·利弗莫尔
译　　者：肖凤娟
责任编辑：肖　佳
文字编辑：于　典
美术编辑：张燕楠
出　　版：中国青年出版社
发　　行：北京中青文文化传媒有限公司
电　　话：010–65511272 / 65516873
公司网址：www.cyb.com.cn
购书网址：zqwts.tmall.com
印　　刷：大厂回族自治县益利印刷有限公司
版　　次：2017年4月第1版
印　　次：2025年5月第6次印刷
开　　本：880mm×1230mm　1 /32
字　　数：38千字
印　　张：4.75
京权图字：01–2016–9345
书　　号：ISBN 978-7-5153-4285-6
定　　价：38.00元

版权声明

目 录
Contents

序 言

杰西·利弗莫尔简介

杰西·利弗莫尔（Jesse L. Livermore）——美国股票史上的传奇人物，著名投资经典《股票作手回忆录》一书的主角。他曾得到美国总统威尔逊的亲自召见，摩根也诚恳地请求他放过股市。他天赋异禀，并将稀有的才华不遗余力、百折不挠地倾注于激动人心的投机事业上，在金融市场上进行垄断、轧空、叱咤风云。他四起四落，每次都聚敛了巨额财富又千金散尽，他的操作经验至今仍为美国的许多职业交易大师所称誉。

作者简介

　　理查德·威科夫（Richard D. Wyckoff），20世纪初期享誉世界的投资大师，一生极具传奇色彩，被誉为量价分析创始人。15岁开始在华尔街工作，25岁赚到足够的钱，开办经纪公司。他同时是一名多产作者和出版商，其深远影响的著作包括《擒庄秘籍：威科夫股票技术分析方法导论》《盘口解读》；创办获得巨大成功的杂志《股票行情》，后并入《华尔街杂志》，多次采访查尔斯·道、杰西·利弗莫尔等大师，将采访内容发表于《华尔街杂志》。威科夫还积极投身于投资者教育工作，向投资者们揭示了华尔街手段、华尔街人物、他们的理论和方法，让投资大众能够使用更加聪明的操盘方法，而这也是保持绝对缄默的利弗莫尔一改常态接受威科夫采访的原因。

译者简介

肖凤娟，中央财经大学金融学院副教授，经济学博士，中美富布莱特访问学者。研究领域：世界经济、国际金融、国际资本流动与资本管制。译著有《量价分析：量价分析创始人威科夫的盘口解读方法》。

序　言

　　本书中的内容最初是以系列文章的形式刊登在《华尔街杂志》上的，这些文章都是理查德·D. 威科夫对杰西·利弗莫尔的独家专访，在其采访时，杰西·利弗莫尔是当时市场中最令人敬畏的人物。

　　在这些文章"遗失"多年后，这些访谈记录首次被归总到一起，整理成书。

CHAPTER 1

第1章

认识市场中最伟大的交易员

MEET THE MARKET'S GREATEST TRADER

社会或者产业中的每一个阶层都有其领袖——该阶层的杰出人物，他们身上最大程度地集合了该阶层的特质。这些领袖不是经由大众票选出来的，他们根本就不是选出来的。他们之所以能到达巅峰，是通过他们自己的个人努力——不管遇到什么难题都奋力前行，并且在遇到无法避免的挫折时加倍努力。

　　正如常言所说，这些领袖中，一些人会比其他人更快地登上巅峰，一些人通过更高明的策略脱颖而出。

然而，不论这些人花费了多长时间登上巅峰，一旦到达，他们的名气就如闪电般迅速划过报刊媒体的每一个角落。一家不断进取且不断为公众寻找新偶像的媒体，总会让其得以实现。

深藏不露的操盘手

几乎每一次，媒体都用它们的方法、原则和信念做着同样的事情，将领袖们的成就转化为公共的财富。为了满足公众对于这些领袖内心观点的不竭兴趣，这些媒体向领袖们提及的问题几乎涉及日光之下每一件有争议的事——有时也会通过其他渠道获得他们的观点。这些领袖人物极少有人能保守自己的秘密，即便少数有如此期望的领袖也是如此。

　　然而，凡事皆有例外，在这里有一个十分令人瞩目的例外。因为有一个人，在他所在的特殊领域中，较之其他人显得鹤立鸡群，他几乎是那个领域的唯一领袖。在过去的那些年，他成功地躲开了大众的关注，十分完美地隐匿了自己。这个人的沉默寡言尤其令人印象深刻，因为他占绝对优势的这一领域，相较于其他领域，有更多的公众抱有兴趣，而且有更多的人积极地参与这个领域。在这个人所处的领域中，他的言论是大多数人最愿意听到的。

这个领域就是活跃的证券投机。众所周知，这一领域的领军人物，正是杰西·利弗莫尔。

泰坦尼克级别的操盘手

14岁的时候，利弗莫尔便开始进行证券交易。当他还仅仅是个毛头小子的时候，就挣到了自己的第一个1000美元。利弗莫尔实践着活跃投机客熟知的每一种交易策略，研究每一种投机理论，并且交易过在纽约证券交易所上市的几乎每一只活跃的股票。

通过他的付出与投入，利弗莫尔积攒了大量的财富，然后破产，接着吸取经验教训，再重新开始——积攒起新的财富。

利弗莫尔能在眨眼之间转变自己的股市立场——大多数时候，他只要在长长的行情表中看到"但是"两个字，就能做出决定，卖出上千股在行市看涨时买进的股票，做空上千股股票。

如果利弗莫尔后来的经历不足以激起大众的兴致，那么他最卓绝的成就绝对能为他赢得万众瞩目，那就是击败对赌行（编者注：对赌行，一个名义上进行股票等类似商品的交易，但实际上是对股票、谷物、石油等价格升降进行小额赌博的机构，股票等物的交易并未发生）。

事实上，击败这些骗子，是利弗莫尔在投机受挫后的一项计划，受挫后他不得不从小规模的资金重新开始。

利弗莫尔同意接受采访

直到晚年，当问及他过去的股市操作时，利弗莫尔都保持绝对的缄默。也许是因为他不想误导那些草率的、准备不足的投资者们进入这个竞技场；在这里，只有优秀的学生才能幸存下来。

自吹自擂不是利弗莫尔的习惯，但是毫无疑问，他认为通过一生的奋斗和竭尽勇气的努力所获得的方法，不应当轻松地传递到业余者的手中。

利弗莫尔之所以愿意接受我的采

访，并允许我引述他的言论，部分是受到了我之前工作的影响，我向投资者们揭示了华尔街手段、华尔街人物、他们的理论和方法。这些基于真实投资者的教育工作，让投资大众得以使用更加聪明的操盘方法。

在动身前往欧洲度假的前夕，利弗莫尔在采访中说道："一个人，要想在思维上跟上市场环境并取得成功，最聪明的方法就是深入地进行行业研究，以便能够区分哪些是好的行业，哪些是糟糕的行业。**进军那些前景光明的产业，摆脱那些前景不好的产业。**"

需要吸取的一个教训

"我认为引起读者对上述事实的注意是十分重要的，因为一次次的历史经验表明，在华尔街，人们总是经常看不到显而易见的事情。现在，有数百万人对证券市场感兴趣，而在之前的年份里，只有几千人感兴趣。在如今，购买证券时辨别力的重要性，我再怎么强调也不为过。缺乏经验的投资者所犯的错误中，最大的错误之一就是仅仅因为售价低廉就买进那些便宜的股票。事实上，价格并非总是便宜与否的指示器，因为不分红的股票有投机价值，这造成它们的售价高出它们基于收益或者潜在分红所确定的价值。尽管在很多例子中，一些低价股票从

30美元或40美元一股上涨到了100多美元一股，然而，大多数低价股票会因为陷入破产程序而销声匿迹，或者苦苦挣扎，以勉强维持收支相抵，向股东进行分红的前景十分渺茫。

"在挑选股票的时候，对投资者而言，唯一必要的就是确定出哪些产业是最强势的，哪些产业较为强势，以及哪些产业相对弱势，哪些产业十分疲软，等等。"

避开弱势产业

许多投资者不能辨别强势股和弱势股，而且由于未能意识到其中的重大差异，他们错失了许多绝佳的投资机会。正如利弗莫尔先生所说的那样："我发现，最好是完全彻底地避开弱势产业。我尤其会避开那些缺乏坚实的财务基础的低价股，因为当市场开始下跌时，代表这些弱势产业的证券往往先行下跌，而且它们的反弹也十分困难。因此，我们应当避免被这些低价股和财务状况糟糕的公司套牢，因为在激烈的竞争下，由于缺乏足够的运营资金，这些低价股和弱势产业面临着重重困难。

"正如我避开弱势产业和弱势股

那样，我青睐最强势的产业和最强势的股票。我会挑选出基于目前的条件来看面临着最光明前途的那些产业。当然，我们必须能够，而且愿意根据后期产业的发展状况来修正我们的预期。"

股票也有季节性和流行时尚

"在挑选股票的时候，投资者们应当铭记，所有商品的需求不是在同一时期集中爆发的。任何东西都有自己的季节性，将这一点考虑进来十分重要。例如，众所周知，汽车股和轮胎股通常在春季和夏季走出行情。股票的旺季一般比与之相应商品的旺季稍微提前一点。如果指望这些股票在旺季过去之后还继续上涨，那就显得缺乏逻辑了。

"一些股票的利好条件可能恰恰是其他股票的利空条件。

"因此可以看到，在投资中，既有季节性，也有流行时尚。情况有变时，投资者不仅要跟上变化的脚步，还要能展望未来，预见之后的六个月至一年的时间里，哪些改变将会发生。否则的话，投资者将发现，自己处在令人苦恼的位置上——被那些走过顶峰转头向下的股票套住。他将发现，自己的资金被套牢，无法运作。

"投资者们应当确保自己能规避上

述情况。方法就是避免一头扎进低价股，保持主要资金的流动性，以便当好的投资机会出现时，自己能够抢占先机，抓住投资机会。在股票市场中，也许下面的这个事实，是阻碍公众获得成功的最大原因——投资者无法使其投资与投机资金保持恰当的流动性。公众经常处于一种满仓状态或者套牢状态。告诉公众某只特定股票将会在一个月内上涨几个点，你觉得他们会感兴趣吗？不会的，他们只想挣快钱。然而，几个月后，他们看见这些股票的价格上涨了20个点，而他们当初买进的低价股却相较买入价下挫，这时他们才会幡然醒悟。"

在股市中取得成功的唯一可靠方法

"告诉你的读者，股市中的成功并无神秘之处。在我看来，**任何人要想在投资上取得成功，唯一的方法就是在投资之前进行详细研究，**在行动之前先调查，坚持基本原则，并忽略其他事情。

"没有人能够在市场中取得成功，除非他掌握了经济学的基本知识，并且完全熟悉各方面情况——公司的财务状况、它的历史、生产情况、它所处行业的状况，以及经济的总体形势。"

利弗莫尔成功的关键

"**股市中成功的关键在于知识和耐心。**只有如此之少的人在股市中取得成功，是因为投资者们缺乏耐心，想快速变得富有。他们不愿意在股票下跌的时候买进，然后耐心等待。大多数情况下，他们在股票上涨，而且是接近顶部的时候买进。

"从长远来看，除了知识，耐心比其他的因素都要重要。这二者的确相辅相成。那些想要在投资上取得成功的人应当明白这个简单的真理。他们还应当记住这个——在买进股票前进行详细研究，这样才能确保你的持仓是可靠的。不要因为你的股票上涨缓慢而泄气。好的股票迟早会大涨，等待是值得的，特别是在牛市中，就像现在这样的牛市。

"从行业前景的角度考虑投资，**挑选最强势行业中的最强势公司**，不要仅仅凭着希望去买进股票。

"买进股票的唯一时机是你知道它们将会上涨。"

第 2 章
利弗莫尔如何准备一天的工作
HOW HE PREPARES FOR THE DAY'S WORK

早期的利弗莫尔

在分析利弗莫尔在股市中运用的方法的时候，我不会先展示他的操盘历史，而是要再提一下这个事实：他从14岁就开始交易，到1922年已经在股票市场交易了近30年。在此期间，利弗莫尔花费了25年的时间寻找自我。在此期间，他的财富从5美元积累到100万美元，然后破产，一无所有，并背负了100万甚至更多的债务，所有这些都展示出利弗莫尔在股市中赚钱的能力；而他面临的困难是如何保有财富，这也说明了利弗莫尔当时的交易方法只是部分有效的。

利弗莫尔最终如何发现并克服了自己的弱点呢？他是怎样由活跃的、不确定的交易形式转向相对不活跃，且总体来说能一直获利的长期交易形式的呢？这些正是本书后面部分的重要主题。因此，话不多说，让我们开始分析利弗莫尔先生的交易方法吧，因为每一个打算在股市挣钱的人都渴望了解这项交易是如何进行的，而在这方面没有比利弗莫尔更好的素材了。

为开市的工作日做准备

就每个人的成功而言，一个要素就在于他如何准备一天的工作。相对来说，很少有人会提前规划工作日。人们每天例行公事，内容无非是不定的访客、会议或者其他打岔的事。一天结束后，他们将这些事抛诸脑后，结果留下一些最重要的事情尚未评估、研究和决策。利弗莫尔可不是这样。他的交易观点是建立在事实基础之上的。他需要时间和僻静的空间来评估、吸收和消化这些事实，并据之形成自己的结论，规划自己的交易活动。

利弗莫尔准备一天工作的方式就是每晚十点就寝。他睡得很早，因为他知道"机敏的人能从任何事中获利，他们不会忽视任何能增加获利可能的事情；不够机敏的人有时候则会忽视某个机会，最终一事无成"（编者注：拿破仑名言）。

准备好一天的工作

利弗莫尔想要的不仅是充足的睡眠带来的好处，他还希望能够早起，为一天的工作打起十二分的精神。早餐前，利弗莫尔会花上一到两个小时研究影响股市的世界形势，包括银行、对外贸易、货币、农作物收成、公司

报告和交易数据。他选择在早晨研究这些事情，因为
在这个时候，他的头脑已经得到了充足的休息，完全
清除了前一日的干扰，就像一张等待拍照的干净底片。

　　利弗莫尔阅读重要的晨报，分析并权衡新闻的影
响。这些新闻大多数源自于前一天发生在全球的事情，
通过新闻报料、滚动新闻和晚报，利弗莫尔早已获得
了大部分的消息；但是在早晨，这些消息会以全新的
视角呈现出来，利弗莫尔会仔细阅读这些新视角。大
众阅览新闻的惯例是阅读大标题，略读正文部分，但
利弗莫尔不是这么做的。对利弗莫尔而言，报纸角落

里只占据三行篇幅的小报道可能比整张报纸的其他部分有着更重要的意义。他曾经仅仅因为留意到报纸上一则简短的分红公告，跋涉4000英里进场交易。利弗莫尔还因为凭借一则新闻报道清空10万股股票而为人熟知，之后他又反手做多，因为他发现自己错误地解读了那则新闻报道。

发掘事实

在利弗莫尔看来，报纸的头版和大标题是为公众阅读准备的。他说，**重要的事实经常潜藏在各种各样隐匿的位置**。利弗莫尔要发掘的就是这些东西。如果不能在早晨或者日间发掘出这些内容，他会暂时打破早睡的惯例，一直工作到凌晨一两点。他一定要得到他想要的信息才肯罢休。

在特定的报纸上，利弗莫尔搜集关于钢铁、煤炭、纺织、铜冶炼、汽车、装备制造等主要行业的文摘，以及棉花、粮食、白糖等商品市场的消息。所有这些信息都会作为各自领域形势的指示器，得到他的仔细审阅。这些消息还会间接地引导利弗莫尔做出关于整体商业形势的正确判断。

凡是带着相似目的运用早间时段的人都会意识到这一习惯带来的优势是如此巨大。办公室静悄悄的。

在这段充足的时间里，没有事情会打断你着手工作，调查研究，直到得出结论。一天之中，没有其他的时间段能提供如此宝贵的机会供你静静地消化吸收这些数据。如果已经开市，股价不断地从行情收录器中蹦出，你再在阅读行情纸带的间歇中进行上述活动，结果就不会如此有效。

清晨研究还有一个不那么明显的好处：**每天的研究时段都恰好间隔24小时，这样更容易辨别向好或者向坏的变化趋势**。数学家会告诉你，研究任何一个反映某产业、某公司或者某要素的图表曲线时，最重要的就是看变化因素是指向向好还是向坏；而且不仅要研究这些变化的方向，还要研究在固定的间隔内这些变化发生的频率。我发现，当我忙于其他领域的事情，因而一天只能花费大约一小时来研究市场时，上述结论确实十分正确。这些短暂但是有规律的时段被证明是一大优势而非劣势。按照这样的方式观察问题，你会发现效果就像是观察一组照片，照片里是每隔一周拍摄的一座正在建设的大楼。人们能够观察到事情在朝一个方向还是另一个方向变化，变化发生得快还是慢。当朝向某个方向的运动开始放缓时，人们也能得到预警，知道变化即将发生。

利弗莫尔亲自了解情况

利弗莫尔不会被这个人或者那个人关于某一行业当前形势的言论所干扰。他会观察并研究那些能够显示某一行业未来数月中可能出现情况的数据。当新闻报道指出钢铁公司利用了25%至30%的产能时，利弗莫尔告诉我说，实际的数据是不到20%。这是他在别人熟睡的清晨时从各种消息来源中提炼出来的信息。利弗莫尔对于经济形势、交易趋势等的日常关注为他提供了依据，所以他在每天上午10点开市之前就已经形成了一些观点。

在最近的一次讨论中，利弗莫尔说："要想在市场中取得成功，投资者必须有经济学的基础知识，并且十分熟悉各方面的情况——公司的财务状况、公司的历史、公司的生产状况，以及公司所处行业的状况、经济的总体形势。股市中的成功并无神秘之处。在我看来，任何人要想在他的投资上取得成功，唯一的方法就是在投资之前进行详细研究。"

他还补充说，清晨应该早起完成这些研究，因为白天工作的时候很可能没有时间来专注地做好这件事。也不要在晚上研究，因为在工作了一天之后，大脑已经很疲劳了。对那些不从事股票交易活动的人来说，这一点更加适用。

大多数人的思维都因循守旧。他们是习惯型的生物。这些人早晨8点起床，因为他们不得不9点上班。在晚上，他们觉得自己需要娱乐休闲，这通常意味着去剧院、去跳舞或者约人打桥牌。他们认为自己有理由享受这些休闲时光。如果这些娱乐活动会让他们在外面待到很晚，人们就会说这些活动"是有益的运动，即使减少睡眠时间也问题不大"。确实如此，人们这样做的确问题不大，但是如果他们总是这么做，还能取得成功吗？

利弗莫尔聚焦于关键之处

和大多数人的固定习惯相反，利弗莫尔愿意牺牲掉许多占据人们晚上

10点至12点，甚至到1、2点这一时间段的所谓的消遣

活动，以便将这几个小时用来休息，进而连续不断地

在早间时段进行研究。晚睡和晚起是大多数人容易

沉溺的两件事情，这里的大多数人指的就是"公众"。

这数百万的人企图以一种随意散漫的方式去精通这个

世上最盛大而最困难的游戏——这种游戏需要的思维

方式和生活习惯与传统的截然相反。

　　如果一个人没有用这些方法在工作中武装自己，

那么他绝不应该将交易股票作为自己的职业。利弗莫

尔的经历表明，两项条件是必须具备的：（1）充足的

睡眠，（2）充足的时间用来进行全面细致、连续不断的研究和反思——研究和反思那些塑造市场趋势的要素和影响，那些决定整体商业环境繁荣与否的因素，以及决定个别产业或者公司繁荣与否的因素。

利弗莫尔热衷于研究人性与股市的关系。正如他在之前的采访中所说的那样，"股市中成功的关键在于知识和耐心。只有如此之少的人在股市中取得成功，是因为投资者们缺乏耐心。他们想要挣快钱。他们不愿意在股票下跌的时候买进，然后耐心等待。大多数情况下，他们在股票上涨，而且是在接近顶部的时候买进。"

利弗莫尔之所以取得了成功，是因为他对股市和自己都做了深入的研

究。这就是所有事情取得成功的途径。拿破仑曾写道：

"如果在每次紧急情况和困难面前，我都表现得有所准备，那是因为我在行动之前已经深思熟虑，进而预见了可能发生的情况。能够在其他人还未预见的情况下，迅速并神奇地说出我该说的话，做出我该做的事，这并不是我的天赋，而是因为我深谋远虑。"

有一天，我和一位朋友一起去了利弗莫尔的办公室。这位朋友想向利弗莫尔提供一些最新出现的消息，他刚刚提到了公司的名字，利弗莫尔就从办公桌的顶层抽屉里拿出一份备忘录，一边挥动一边说，"这就

是你想说的事情？我四天前就已经知
道了。"

市场需要研究

在数年前的一次采访中，利弗莫
尔先生说："任何认为自己的成功依赖
于运气的人，最好都不要进入股市。这
种看法从一开始就是错的。大多数买卖
股票的人所犯下的一个严重问题就是，
他们认为股票交易是一种赌博活动。

"从一开始，人们就要认识到，这
项工作就像法学和医学那样需要研究
与准备；股票交易也有规则，需要仔
细研究，正如一个法学专业的学生为
法庭做准备那样。许多人将我的成功
归因于运气。事实上，我已经花了15

年全面细致地研究股市，你甚至可以说我已经将生命

献给了股票交易，我在这项事业上集中精力，并努力

做到最好。"

总 结

从上述内容我们可以知道：

一名操盘手如果想要获得惊人而持久的成功，需

要献身于这项事业。他应当具备与这个工作相适应

的一些品质特性，特别是这个领域需要的一些显著

的能力，以及想在股市中成功的强烈愿望。

生活中很大部分时间都忙于其他事务的一般股市交易者很难成为华尔街认可的操盘手。但是，在不耽误自己本职工作的情况下，这样的交易者在投资中投入越多的努力和才智，就越能深刻理解这个行业，并成为一名更加科学的、成功的交易者。

对于基本状况的透彻了解不可或缺。

每天应当投入固定的时段用于进行研究。

最好从原始的、权威的消息源获得的确凿事实形成可靠的观点。随着经验的积累，解读这些事实的能力会与日俱增。

真正的消息不在大标题里。交易者必须从各处搜

寻它。

预见未来趋势的能力绝对是极其重要的。

CHAPTER 3

第 3 章

利弗莫尔办公室的特殊设计

THE SPECIAL ARRANGEMENTS OF HIS OFFICE

利弗莫尔如何免受负面信息的影响

利弗莫尔日常工作的环境是他专门给自己创造的。这是他长期从事股票交易而形成的。

"心理氛围"是华尔街广为流传的术语，通常指华尔街人们的心理状态，尤其是指聚集着证券交易者的经纪人事务所里人们的心理状态。经纪人事务所的心理氛围随交易特点和客户数量及客户的一般心态而有所不同。有的小型事务所里面只有少量几个股票行情收报机和其他设备、一个顾客接待员和一两个同事。这里看起来是个十分安静的地方，但实际上不是。在这里，几乎不可能连续15分钟思考而不被打断。整个交易时间充斥着交易者谈论各种小道消息以及经纪人与顾客交换各种传言的声音。在这样的环境下，除非拥有又聋又哑这项并非优势的"优势"，不然是不可能集中精力进行投资分析的。一些较大的事务所配有大型行情板，旁边有25到50个客户在关注着行情板，心理氛围要紧张十倍，对于职业交易者来说更加不利于进行交易。在那些小型的、摆放位置更低的行情收报机旁边围着的一小群一小群的人，不停地聊

着关于股票的传言。坐在你旁边的人一直想要告诉你
他的期望和恐惧，告诉你他所看到的、听到的、想到
的或知道的。

所有这些利弗莫尔都经历过。很长一段时间以来，
他并没有看到安静和隔绝的好处；但是许多年之后，
他一直在自己的私人办公室进行证券交易，使自己不
受客户交易室消极喧哗的影响。

早晨，利弗莫尔乘坐私家车从市内宅邸或位于长
岛的避暑别墅去办公室，他没有选择乘坐火车或地
铁。很多富商和金融家也都乘坐私家车，但他们避

免和其他人交流并不是出于特别的原因，利弗莫尔却是。他知道，如果乘坐公共交通工具，大家谈论的话题必定会涉及股票，他将不得不听到许多所谓的市场消息和传言，这些都有碍于他形成自己的判断。为了独自经营自己的证券，利弗莫尔要进行独立思考，并且希望自己的思考过程不受到任何干扰。

镇定——一种不可或缺的品质

作为一名交易者，一个不可或缺的品质就是镇定——冷静对待各种事物，观点不偏不倚，不受自己的期望或恐惧的影响。利弗莫尔的镇定程度令人惊叹——很明显，他生来就具备这样的品质，并且在后天得到了很充分的培养。

利弗莫尔最讨厌什么

利弗莫尔最讨厌小道消息。在华尔街，即使经验甚少的人也知道，人们常常决定按照自己的方式来处理一些状况，但往往会因为一些阴险狡诈的建议彻底抛弃自己之前制订好的计划。在认真仔细地研究了这些因素的影响之后，利弗莫尔早早地认识到，**只有排除干扰因素，基于事实真相、合理论证以及合乎逻辑**

的结论做出判断，他才能取得最好的投资结果。

利弗莫尔进行了各项自我提升的活动，其中一项是进行了心理学研究。我不是指他仅仅思考了华尔街各个时期对人们的心理影响，而是他学习了这门课程——成了一名心理学专业的学生。就像他钻研其他任何有益于其毕生事业的事情那样，利弗莫尔从不在任何事情上浅尝辄止。

利弗莫尔的办公设备

利弗莫尔的办公室位于市中心一幢摩天大楼的高层。办公室的门上没有姓名牌。整个办公室包括一个接待室、一些助手的私人办公室以及他自

己的私人办公室。他的私人办公室由双开式弹簧门与

股票行情室隔开。这是一个长方形的房间，一边挂着

一个很宽的玻璃行情板，另一边是一排窗户。行情板

上显示着三四十个活跃的龙头股票报价和棉花、小麦、

玉米、燕麦等活跃期货的报价。行情板上的内容与一

般经纪人事务所里通用的设计不一样。行情变化展现

的方式不是只将开盘价、最高价、最低价和收盘价打

印在一张张纸条上，而是每只股票都有贯穿整个行情

板版幅的纵列，利弗莫尔用粉笔在这些纵列里记下报

价的各种变化，同时在股票名称缩写的下方记下大量

的交易情况。利弗莫尔更喜欢这种形式的行情板，因为他可以通过这种行情板了解股价涨落、反弹和回跌的程度，以及股票的相对活跃程度。交易量并没有显示在行情板上，利弗莫尔通过行情纸带得到交易量的情况。

在行情板前方几尺外的正中央，放着股票收报机、棉花收报机、小麦收报机和新闻收报机。这样一来，利弗莫尔就可以借着窗户透过来的光阅读行情纸带上的内容，而且他只需要一抬眼就能看到任何一只股票的情况。

在许多经纪公司，你会看到矮矮的行情收报机放在小圆桌上，三四个交易员聚集在这些行情收报机旁边，要么伸长脖子想看得更清楚，要么使劲读着颠倒的行情纸带。除了在私人办公室办公的时候偶尔用一下，利弗莫尔并不相信这些放在低处的行情收报机。在他的办公室，有一排这种收报机。一般情况下，利弗莫尔希望这些行情收报机置于高处，这样他就不得不站起来看了。利弗莫尔认为帮助自己精于股票交易业务的众多因素中，其中之一就是自己使用了这些高高放置的行情收报机，因为这些高立的机器使他不得不站着看行情，如此一来，自己的呼吸就很顺畅，周身血液循环也畅通无阻。这一站姿与那些坐在低矮的行情收报机旁边的人所采取的蹲着或者坐着的姿势恰恰相反。利弗莫尔几乎整天都站着。他甚至在打电话的时候也保持着站姿。因此他还得到了相当程度的锻炼。

与詹姆斯·R. 基恩的相似之处

除了行情板，利弗莫尔办公室的主要设计都和已故的詹姆斯·R. 基恩（James R. Keene）的办公室高度相似。詹姆斯·R. 基恩是一名杰出的股市作手，我曾有幸造访他的私人办公室，并度过了很有趣的一段时光。基恩先生也把股票收报机放在高处，盘中交易的时候也一直站着，来回踱着步子，要么去用几英尺外的电话，要么走进隔壁私人办公室的隔间。在阅读行情纸带的时候，基恩先生锐利的眼神似乎能直击市场中发生的重要事情；不读行情纸带的时候，他用一种独特的方式在行情收报机和办公室的另一端之间来回踱着步，每一步都按照节拍迈得十分严格而精确——如同挥舞着紧握的拳头，表达着最为坚定的决心。

　　基恩先生似乎是按照有规律的间隔阅读行情纸带的，踱步的次数也是固定的。这样就把他对于行情纸带的看法切分成了一张张画面，在他眼前逐一显示，而简短的踱步为他提供了时间消化所观察到的情况。之前提到过，在研究市场时，有规律的时间间隔和时间间隔的设置都是很重要的。

在我和基恩先生进行讨论时，他会面向行情收报机站着，而我站在他对面。他右手拿着眼镜，强调着自己的观点；但他不会连续讲很久，他会低头去看行情纸带。一旦他的眼睛盯在纸带上，虽然我可以继续讲话，但是他一个字都听不进去了。阅读行情纸带的时候，基恩的注意力是如此集中，其他所有事情都完全被他忽略了。他可能走到电话前问"谁在买入"，或者"BRT这只股票怎么样了"，然后迈着固定数量的步子走回来继续研究行情纸带，完成自己的思考过程。再之后基恩才会从对行情的沉浸中回过神来，并从他之前停下的地方继续我们的谈话。

利弗莫尔在很多方面都和基恩很像，外貌也是如此。其中最像的就是眼睛，他们的眼睑两侧都有些下垂，也都有着具有穿透力的目光。利弗莫尔和基恩的鼻子也很相似——鼻梁都很高挺。这些相似之处的含义要留给相面专家去解读，但是我知道，和基恩一样，利弗莫尔深邃、睿智、机敏、足智多谋、自力更生、高瞻远瞩，而且拥有雄狮般的胆量。关于他们的交易方法，我也发现了很多相似之处。在之后的章节，我会就一些相似点做出阐释。

极少有人能够通过电话或者当面接触到利弗莫

尔。他会收到一些邮件，但是他很少回复。他没有时间用于通信。钻研市场是这个男人的工作。他所见的人，他所写的信，都和市场以及他在市场中进行的操作有着密切的关系，否则的话，利弗莫尔不会为那些事情花费时间。这也符合他排除一切非必要事项的做法。

利弗莫尔如何解读新闻事件

前面已经提到过，利弗莫尔的判断一部分源自于他每天早上对基本面的分析；但是他关于正确择股和正确行动时机的决断则是基于对行情纸带的解读。新闻通过收报机从世界的各个角落飞驰而来，让利弗莫尔能及时了解世界各地事件的发展。利弗莫尔和他的助手们留心着新闻收报机，因为一份报告、一段话、一行报道或者甚至一个字都可能对他的股市立场产生重大的影响。但是利弗莫尔并非简单地接收票面价值等公之于众的信息，而是努力地探求这些信息揭示的实际市场状况，或者这些报道背后的真实目的。没有人比利弗莫尔更清楚，市场是由许多交易者构成的，并且反映着这些人的想法；这些市场参与者中，有些人比其他人更有势力，这些人经常竭力影响公众情绪从而诱导公众进行买进或者卖出。利弗莫尔阅读报道，在字里行间里观察这些人正在试图采取什么行动。

在我以前的著作中，我把华尔街描述成一个巨型料斗，一天到晚，不断产生的各类信息倾泻而出——铁路运输、工业产业、公司盈利、天气预报，关于银行、谷物、货币市场、黄金进口、世界新闻的报道，以及成千上万与股票、债券、商品市场有关的其他新闻报道。这些信息都在一定程度上影响着总体的商业环境。利弗莫尔通过两种方法解读新闻报道：首先，他判断这些信息对市场或者个股的直接或间接影响；接下来，他通过股票行情收报机观察这些新闻的影响——这些新闻如何从市场整体上影响特定股票的买卖行为。利弗莫尔对新闻报道的解

读可能与市场表现出来的情况完全相反，但是他知道

如果这则新闻足够重要，那么它的影响迟早会反映到

行情纸带上。因此，利弗莫尔努力预测其他大作手们

会在何时变更多空立场，以适应新的市场形势。

　　如果用两个字总结利弗莫尔的方法，那应该就是：

预测。

总　结

　　从上面的内容中，我们可以得出以下结论：

环境安静和远离喧嚣对于形成可靠、清晰以及独立的判断是非常重要的。和其他工作一样，股票交易要求人们必须保持专注。对交易的思考、计划和执行最好都在远离经纪人事务所的地方完成。

镇定是一项不可或缺的品质。

心理学知识是操盘手思维素养的一个重要补充。

清晰冷静的头脑来自于良好的身体状态。此外，一定的锻炼是十分必要的。

洞察力以及对新闻报道的准确解读绝对是至关重要的，因为大型事件有时候就是由小的新闻事件持续发酵而成的。

新闻事件会影响市场特征、大炒

家的态度以及他们的买卖行为。

真正意义上的投机需要预测。

行情纸带的内容反映了大作手们及内幕人士的操作和动机。

赚大钱的机会存于长期波动中。

CHAPTER 4

第 4 章

利弗莫尔如何解读行情纸带

HOW LIVERMORE READS THE TAPE

带着对市场及其长期趋势的基本立场和明确看法，股市一开盘，利弗莫尔就拿起行情纸带来验证行情是否吻合自己之前形成的观点。在此之前，利弗莫尔已经对当前的行情做出了明确的判断，并在脑海中对市场可能做出的行为进行了预测。他认识到，日中股市交易的结果在某种程度上可能会改变自己对于股价未来走势的看法——这些交易结果会提供证据，验证利弗莫尔的判断是否正确。如果判断正确，他就坚持原有方向；如果判断错误，他就改变自己的立场。

那一条又小又窄的行情纸带上，记载着数百万人的希望、恐惧和渴望。行情纸带正是那些买卖股票、债券的交易者们思维的具象表达。纸带上记录着400-500只主要股票不断变化的成交量和快速波动的股价。只有那些深刻理解股票交易，并且经历过长期训练、经验丰富的人，才能成功提炼出行情纸带上展现出的市场信息的精髓。

每一个熟悉华尔街的人都知道，股市不可能按照随意的方向运行，虽然它确实反映着许多人的观点，而公众是无组织的，参与股市这个盛大游戏的交易者中很少有人知道他们邻居的决策。但是大炒家和主要的股票作手们清楚地知道，特定的股票应该在什么价位卖出，或者可以被炒到什么价位再卖出。他们不遗余力地诱多、诱空，或者诱使股民在特定的价格水平上锁仓不动，这些都是行情纸带解读者需要解决的问题。

利弗莫尔根据市场和个股的自身表现来判断它们未来可能的走势，因为对他而言，这比内幕人士说了什么、发表了什么、承诺了什么更有意义。利弗莫尔知道，在很多情况下，这些内幕人士是最容易对自己公司股票判断失误的人。这些人太了解他们自己的公司了，他们处在公司内部，所以看不到公司的弱点；

他们经常缺乏技术面的分析。在访谈中提及一些季度的牛市时，利弗莫尔向我谈到一些我已经十分了解的东西：重大的卖盘在差不多相同的时间里可以追查到几乎同样的消息来源。这就是行情纸带对利弗莫尔如此重要的原因之一，因为行情纸带揭示了巧妙散播的消息背后真实的意图。

行情纸带就像是没有两帧相同影像的电影。画面每两秒变化一次。每一次变化都和先前有一定关系，又为即将发生的埋下伏笔。阅览行情纸带并理解股市的瞬息万变，在5小时的交易时间里不断地运用各种变化所涉及的常识，摘取出核心的事实，辨识出其背后意图以及可能即将发生的情况，这些正是利弗莫尔每天的工作。

下面是利弗莫尔在行情纸带上搜寻的一部分

内容：

- 开盘价是否高于前一日的收盘价；

- 哪些股票在开盘伊始就展现出强势，哪些展

现出弱势；

- 哪些股票被忽视了；

- 龙头股的特征；

- 哪些板块（产业）表现得最为强势，哪些表现

得最为疲软；

- 之前的龙头股是否开始露出犹豫之态，其他

哪些股票正在冲击龙头位置；

- 强势板块刺激市场或者弱势板块拖累市场的程度如何；

- 操纵的性质；

- 哪些资金池最为活跃，其中的各股在大众消息或者特定消息面前如何反应；

- 股票表现弱势或者表现强势的可能含义；

- 整个市场的成交量；

- 相比昨天、上周、上月，成交量上升了还是下降了；

- 龙头股和次龙头股面对刺激或者压力如何反应；

- 买盘和卖盘的性质是什么，是否大部分都是庄家在操纵，是专业交易还是大众交易；

- 行情涨跌迅速还是迟缓，涨跌发生的频率如何；

- 哪一种情况持续的时间最长；

- 涨跌幅度如何；

- 市场和特定的个股在阻力位如何表现；

- 它们吸收卖盘和供应筹码的能力如何；

- 主力资金池是在吸筹、抬价还是派筹；

- 是否有证据表明出现了过多的内部操纵；

- 内部操纵的程度严重与否；

- 场内交易商在做什么；

- 这些专业人士的普遍立场是什么——看多还

是看空，短线还是长线；

- 公众买入或者卖出的股票有哪些特征；

- 这些股票受哪些因素的影响；

- 没有人为刺激或者施压的情况下，市场自我维系的能力如何；

- 这种情况下市场如何表现；

- 多头突然放弃原有策略时，市场形势会发生哪些变化；

- 特定产业中，哪些个股表现最好或者最差；

- 内幕人士是在观望等待还是在蓄势；

- 在较小压力下，特定的个股是轻松上行，还是缺乏买单支撑进而严重下挫；

- 内幕人士是公开买进还是秘密

买进——他们是谨慎操作还是明目张胆；

- 这种情况的原因何在；

- 大幅或者小幅的涨落什么时候出现；

- 相较过去几天、几个月、几年，市场现在的
相对位置如何；

- 风险点在哪里；

- 哪些股票不再跟随趋势的走势而是开始反
向运行；

- 最重要的是——什么时候可以大举交易或者
小规模交易。

利弗莫尔正是基于以上这些主要因素来判断他当前的行动或行动计划是否正确，是否应该保持现有仓位，是否应该完全改变方向，或者清仓从市场中退出。长期实践使得利弗莫尔的判断力如直觉般敏锐。他认为行情纸带能在事件发生之前提前告诉自己未来将要发生的情况，因为股市中个人或者人群的情况会或多或少地从他们的交易中，或者从行情纸带所揭示的情况中反映出来。利弗莫尔知道，当一个人发现某只股票的价值发生变化之后，他会做的第一件事不是在跑马灯上记录下消息，而是买进或卖出这只股票，然后向朋友告知这些事情。这就是利弗莫尔在不断研究市场行为的过程中，在行情纸带上找寻的"信息"。

华尔街的心理状态，也就是公众对时刻发生的事态所产生的心理反应，对市场有着切实的影响。无论是大规模或小规模经营的操盘手，还是发行或购买证券的人，没有人能够忽略这一强有力的因素及其对供求的影响。

一些大炒家可能尝试购买50000股某只股票，引起公众或大量投资者清盘。如果公众或大量投资者卖出55000股这家公司的股票，则足以抵消大炒家购买股票的影响，市场最终会下跌而非上涨。从这里可以看出为什么心理因素如此重要，因为没有人能够预测各种事态对公众心理的影响。判断这些情况，预测各种事件对公众的影响，这是利弗莫尔的强项。

利弗莫尔并不是不关注小到中等程度的波幅。对于行情纸带上的每一种市场动向，他都十分感兴趣。

利弗莫尔仔细观察股价从5个点到20个点，时间跨度从1周到60天的变化，并且他专心研究2个点、3个点和5个点的下降和反弹，因为所有这些对于形成股市的大势都发挥着各自的作用。所谓大势，指的是虽然经常改变行进轨迹，股市还是沿着阻力最小的线路运动，直到上涨或者下跌的过程终结。

正如弥漫的恐慌告知他是时候做多一样，牛市的顶端同样会发出经验老道之人能辨别出来的信号。利弗莫尔密切注意着这些信号，因为他想尽力赶在别人之前看到这些信号，特别是想赶在基金和其他大作手之前，这些人的策略是利弗莫尔想要搞清楚的。

在他认为的股市巨幅下跌的反转点积攒够想要的筹码之后，他很可能持有这些股票达数月之久，有时候持有期达到一年多。因为利弗莫尔知道，整体商业环境的复苏、企业收益能力的恢复以及股息分红的增长，都需要相当长的一段时间来完成。因此，除非施以人为的刺激，股票的价格在数月之内不会完成上涨的过程。利弗莫尔对超过四分之一个世纪中所发生的繁荣和恐慌都十分熟悉，因此他具备基于事实的视角。因此，当其他人声称国家正在陷入衰退，并且通过清仓和做空来强调他们的观点时，利弗莫尔仔细地留意着他称之为心理买点的时机。在1907年的市场恐慌中，他以小时的精确度观察到了这种时机。在1921年的萧条中，他在市场处于极低低位时做多。他解释的原因是当产品一度供给过度时，未来很可能就会出现产品供给短缺。但是我怀疑是他高度发达的第六感或者直觉告诉他这个市场中最佳购买时机的精准点位。

在这样的时段里，发生的每一件小事都意味颇多——空头的出击、公共清算以及毫无希望的交易报告，这一切都意味深长。但是利弗莫尔最感

兴趣的是抛压被消化的方式——抛压在不同价格水平

上遭遇的阻力；成交量，各种试图打压股价的大炒家

所做的歇斯底里的努力；他们使用的伎俩以及说出的

谎言。每个因素都有其分量，尤其是在游戏的这个特

殊阶段。

　　这是一个游戏，世界上最大的游戏，百万富翁们

参与这个游戏，他们利用自己的知识、权势和资源，

预测世界范围内的变化，这些变化左右着证券价格整

体上由低到高再由高到低的波动。利弗莫尔知道，任

何一个人或一群人，无论多么富有或者多么有权势，

都不是事事皆知的天才，因此，他尽己所能，辨别出所有这些数百万头脑中的真实想法。

利弗莫尔如何判断市场反转点

判断长期波动中主要的反转点是利弗莫尔所做的最重要的事情。如果他能在恐慌和繁荣来回交替的过程中只完成这件事，而且准确地判断出变更多空立场的正确时机，利弗莫尔知道，在接下来的这一两年里，市场将从最低点运行至最高点，而自己正是处于巨额收益滚滚累积的起始位置。至于为什么会这样，原因是十分清楚的。在市场恐慌的低位买进股票的人具有一定规模的运作资金。如果他能在接近繁荣顶端的位置卖出股票，那么他不仅会收回初始资金，还能获得巨额的收益。如果接下来他反手做空，鉴于取得的收益，他的仓位就会增加，如果能持有空头位置直至下一次恐慌，他就会发现自己的财富实现了巨幅增长。

当然，利弗莫尔在最低点买进的股票并非总能在最高价位卖出。当市场出现了一系列中级波动，并且开始接近重要的反转点时，利弗莫尔就会寻找机会更频繁地交易，因此，他经常在股价暴涨的过程中卖空全部或者部分的仓位。这种暴涨发生在市场的上行阶段中，或者也被称为抛售区间。利弗莫尔认为试图赚取最后一个点的收益不是一个好办法，因为许多事情都可能发生，而这些事情可能使最终的反转点较他的预期提前发生。利弗莫尔知道，所有的股票不会同时到达最高价位。在其他股票上涨趋势还没有结束的时候，一些股票在几个月前就已经达到了顶端。多头也许会像攻陷敌军防守的军队：股票可以一路大幅上扬，不加犹豫和回调。利弗莫尔知道多头的主要弹药是资金，他也知道掌控和限制股价变动程度的整体形势；他还知道，虽然消息、统计数据和分红等很重要，但是最重要的是这些事件对于交易者思维的影响，以及进而诱使交易者和投资者进行买卖的程度。

数以百万计的人们对于市场的想法不会影响到市场，

能迅速影响到市场的，是他们实际的买进、卖出或者

按兵不动。

他怎样在中期市场波动中进行交易

尽管对利弗莫尔而言，股市中的长期波动是最重

要的，但这绝不是利弗莫尔股票操作的全部内容。利

弗莫尔是一名激进的交易者，很久之前，他日复一日

地在股市中快进快出，以此来弥补亏损。在他所进行

的交易中，第二重要的就是市场的中期波动，即市场变动10个点至30个点，时间在一两周至数月的波动。我们假设股市上行到高位，尽管还没有达到反转点，市场却已经出现超买，市场的技术面就面临一个10个点到15个点的回调。利弗莫尔认为，在这种情况下，最好减持做多的仓位，这样就可以在将来以更低的价格重新持有这些股票。在一些他认为最终市价将会更高的股票上，利弗莫尔可能赚取20个点或30个点的收益，但是如果他在急剧反转的市场边缘先抛售股票，将来在便宜10个点的价位重新买回来，那么他的初始交易成本也就降低了相应的幅度。

只有基于行情纸带所反映的市场行为，利弗莫尔才能准确判断中期市

场波动的时间长短和方向。在其他任何方法下，利弗

莫尔都无法恰当地做出判断。他还能从下列情况中看

到市场由强转弱的逐步演变：市场能够全部吸收筹码，

支撑位逐渐减弱以及市场由强转弱过程中的其他各种

情况。

就像利弗莫尔能够老练地预见市场的下行阶段一

样，他也能预见这一段行情的尾声，发现重新做多的

时机。这些指示信号常见于重要板块的龙头股和许多

个股中——通常是那些最常见的中线交易个股。利弗

莫尔很早之前就已经习得了依靠市场自身的行为对其

进行判断的原则，而且他发现这些原则在股市的所有波动中都是起作用的，从每半小时一次的来回波动，到一至三年中股价的巨大波动。这是供求问题，只要认识到这一点并合理地应用，就能帮助解决大多数的股市问题。

市场沿着阻力最小的轨迹运行，当需求超过供给时，这条轨迹就向上运行。利弗莫尔每天的工作，就是发现市场瞬间的变化和那些需要更长时间才显现的市场变化，正如每个制造商和商家判断其行业的未来走势那样。

第 5 章

利弗莫尔如何交易并控制风险
——最小预期收益

HOW HE MAKES HIS COMMITMENTS AND LIMITS
HIS RISK–HIS MINIMUM PROSPECTIVE PROFIT

华尔街一种常见的做法是，只因为有人说一只股票将要上涨就去买进，不考虑相关风险和预期收益。纵览华尔街多年的历史，成千上万的例子证明了这是一个巨大的错误。对于那些愿意以250美元一股的价格买进纽黑文的人，几乎可以肯定，他们要么是认为股价会上涨，要么是有人告诉他们股价会上涨。可是，如果当初有人告诉这些人，他们是在冒着25000美元的风险去博取1000美元或者2000美元的可能收益时，这些人中就只有很少一部分会去买进股票了。

如果操盘手可以在没有亏损风险的环境中交易，那么就没有必要努力提前弄清楚收益的可能规模；但是，只要亏损无法避免，而且需要考虑佣金、收入税和利息等操作成本时，预期收益就成了成功交易的重要因素。

令人吃惊的是，公众可以接受低至2到3个点的收益，却能容忍高达10到30个点，有时50甚至100个点的亏损。这就意味着，公众违背了成功股票交易的一个首要原则，那就是：**及时止损，让利润滚动起来。**

成功操盘手的经验之谈

在过去的五六十年里，几乎所有成功的操盘手都采用并提倡这一原则。这是吉姆·基恩（Jim Keene）的格言；为柯马克（Cammack）所奉行；由史上最成功的棉花投机商之一的迪克森·G. 瓦茨（Dixon G. Watts）所践行；被曾担任过场内交易员的E. H. 哈里曼（E. H. Harriman）所倡导。哈里曼还说："如果你想在交易中取得成功，及时止损；将损失控制在八分之三个点以内，永远不要超过1个点。"（当然了，哈里曼是从场内交易员的角度说的，对于需要支付佣金和需要通过经纪人事务所开展交易的人来说，这种止损交易是不可能实现的。）

这些伟大的操盘手也奉行"让利润滚动起来"的原则。他们之中的很多人还要"让利润节节攀升"（pyramid），这是"让利润滚动起来"的加强版。

杰西·利弗莫尔从对赌行那里学到了这两个原则，他早期正是在那里学会了怎样交易。在这些对赌行交易只需要两个点的保证金，当这些少量的保证金亏光时，利弗莫尔就得到了充足的证据表明他对这笔交易做出的判断是错误的。这一经历让利弗莫尔知道了止损的好处和必要性，并给他上了永远难忘的一课，尽管和其他所有人一样，利弗莫尔偶尔也会背离自己惯常的做法。

在向我解释他的交易方法时，利弗莫尔说，"我所致力的，是尽我所能做出接近危险点的挂单。之后，我会观察股价是否逼近危险点；或者如果我认为自己判断有误，我会很快终止这笔交易；但是一旦股价从我做多或者做空的价格上，离开危险点运行了几个点，我就不怎么关注它了，直到结束这笔交易。"

利弗莫尔怎样控制风险

利弗莫尔很少冒超过几个点的风险，这就意味着，越接近危险点进行交易，他所冒的风险就越小。由于交易的股票数量庞大，利弗莫尔无法像小股民那样轻松地进出市场，因为小股民买卖几百股股票不会吸引人们的注意。如果利弗莫尔将危险价位设定在50，那么他会在50和大约55之间开展交易。他无法像小股民那样挂出止损单，或者将风险限制在一个绝对的数值；但是如果发现最初的判断有误，利弗莫尔将会在市场中抛售股票，或者等待强势反弹点再清仓。

利弗莫尔的理论风险规模和最小预期收益规模之间的关系十分有趣，

这似乎也是往往被公众忽视的地方。操盘股票作为一项业务或者职业，其一系列的交易最终会引起一定比例的亏损或者收益，因此，交易者希望当支付完所有费用后，剩下的收益可以超过损失。利弗莫尔先生告诉我，正是出于这个原因，除非他预见到至少10个点的可能收益，否则他不会开展交易。当然，他的交易中许多收益要远大于这一数值。在我以前讲过的一个例子中，利弗莫尔在一次重仓的交易里获利将近50个点，相比之下，他在初始交易上承担的那几个点的风险确实微不足道。但是通过将10个点这样一个最小值设定为盈利目标，利弗莫尔就为每三笔交易中发生一笔或者两笔亏损预留了空间，不至于全部抵消他从第三笔交易中获得的收益。

我讲述这些不是想说利弗莫尔是一个激进的交易者，因为正如我已经解释过的那样，他通常在建仓后等待一波大幅的上涨。如果没有赚到这笔收益，同时，股票对于有效的影响因素也未有反应，利弗莫尔就会得出结论，即自己犯了错误，要么是对于股票标的或者其运动方向判断有误，要么就是交易时机的选择有误。重要的是，利弗莫尔经常根据久经考验的规则及时止损；当股价向有利的方向运行时，他就放任收益滚动起来，直至收益达到相当大的比例。因此，用百分比来衡量的话，收益率会大于30%或50%。这样，交易的初始风险可能就是4个点，尽管收益率是20%——风险/收益比为2：10——或者还要高。

像其他人一样，利弗莫尔有些时期也会判断失常，发生更频繁的亏损——若非如此，他就是史上最成功的操盘手——但是毕竟他也是普通人而已，他的判断虽然缜密，但也不是万无一失。利弗莫尔将这些亏损的交易也视为日间工作的一部分，他要做的就是努力减少失误，使交易账户最终处于盈利状态。

观察所有成功操盘手都奉行的方法，透彻地分析这些方法，你就会明白为什么公众投资者通常都无法取得成功。公众投资者通常只谋取3个点的收益，却愿意承担10个点的亏损。而利弗莫尔却是承担3个点的亏损，谋取10个点的收益。3或4个点的亏损对他来说就意味着危险。而对公众来说，这却意味着一个健康的反应——没有什么需要警惕的地方。公众认为很难获取10个点的收益，因为对于没有经验的交易者来说，如果他们买对了股票，也没有耐心持仓那么久。对利弗莫尔来说，10个点的收益是对他一开始的正确判断的确认，也表明股票开始按照他预料的轨迹运行。

一个最简单，同时又是最难习得的规则就是及时止损。如果每个股票交易者都能一天一次、一周一次、一月一次，或者当特定点数的亏损出现时系统化地止损，并且只要当股票按照他预期的走势变动时有耐心为了丰厚的收益坚定持仓，那么他的交易成功之路终将铺就。

不仅仅对利弗莫尔先生来说是这样，对其他每一个取得辉煌交易成就的大作手来说，这两条规则可能都是取得成功的最关键所在。

第 6 章

利弗莫尔怎样保持资本持续运转

HOW HE KEEPS HIS CAPITAL TURNING OVER

我们已经展示了当股价接近他所认为的危险点，或者股价变动有悖预期，发出亏损信号时，利弗莫尔先生怎样结束他的交易。现在我们将考察他的交易方法之一。这一方法包含了股票交易中最关键的要素，尽管公众基本都忽视了这一要素。我提到过，当数天之内或者更长的合理时段内股票没有按照预期的方向变动时，利弗莫尔就会结束交易。

在寻找亏损风险较小而收益丰厚的交易机会的过程中，利弗莫尔通过解读行情纸带来寻找最佳交易时机。他会观察这只股票数天或者数周，直到这只股票运行到他认为可以交易的时候。

当这只股票完成了力量积蓄阶段，利弗莫尔不再疑虑了，他确定股票会朝着一定的方向运行。他会等待，直到确定自己的判断是正确的。如果股票处于吸筹阶段，利弗莫尔会尽量抓住最后几波买入的机会。股价之前的波动会使利弗莫尔形成判断，在一定的市场条件下，他可以采取何种相应的操作，他会一直关注这只股票以确定利好的信号没有发生改变。

假如有一只石油股，利弗莫尔已经判断其股价达到了临界点，即将拉升。其他的石油股表现强劲，而他从众多的石油股中挑选的这一只，不仅没有对上述的上涨趋势做出反应，反而表现出滞后的势头。利弗莫尔的推断就是，尽管自己预期股价上涨，但是很显然发生了一些事情推迟了内部人士或者其他炒家交易这只股票。可能有一些造成股价短暂下跌的消息，使得这只股票不跟随其他石油股上涨，从而失去买盘支撑，转而被市场抛售。

这只股票也许会在更低的价位上被吸筹，但是这对于利弗莫尔而言并没有意义。这只股票已经得到机会展现强势或者弱势了，当展现弱势时，利弗莫尔会迅速结束交易。因为在那种走势不符合其预期的股票身上，他实在耗不起。他不一定非要在股票表现出浮亏的时候才结束交易。当弱势信号出现时，股票有可能还是浮盈1至2个点。利弗莫尔会在股票没有表现出预期的波动时结束交易，不在乎此时的股价是否与买进价持平，还是高一点抑或低一点。

"难以上涨的"股票耗费资金

在所有占用操盘手交易资金的股

票中，那些迟迟不能步入预期走势通道的股票可能是最具破坏性的。当操盘手结束一笔亏损的交易，他能明确地知道自己的亏损是多少。但是当他继续持仓，寄希望于股票会在一两天之内展现出更明确的走势，表现出更多的收益前景时，那么这名操盘手仅仅是在希望形势好转。而正如利弗莫尔所说的那样，"当在一笔交易中只能依赖希望的时候，我会退出交易，因为它只会让我心烦意乱。我不依赖其他东西，我只依赖真实的事物。"

简而言之：当买进股票的时候，利弗莫尔认为那只股票在当时是值得购买的。如果他的判断是正确的，那么股价将要上涨；如果股价没有上涨，利弗莫尔就会知道自己犯了错，一些与股票之前给出的指示相冲突的事情发生了。在这种情况下，利弗莫尔宁愿退出交易。

有长期交易经历的人都知道自己的一些重大亏损是源于依赖希望而进行的交易。有一类股票叫做"买了就存起来"的股票。一些人认为当股票或者债券被存放在保险箱里时，它们就是安全的。这样的话，它们的确能免于水火之灾和盗窃，但是永远不可能免于市场价值的缩水。

　　按照合适的周转速度持有交易资金是华尔街和商人的一个重要原则。假如第五大道的大型商店不能将低流动性的商品置于柜台并售出，不久他们就会发现自己的流动资金在减少，大部分资金都套在自己不想持有的商品上——这些商品就搁置在柜台和储存室里吃灰。这样下去生意就难以为继。但是如果让这里面的一名商人进入证券市场，他很可能就会放弃上述使得自己取得商业成功的原则。这个商人会买进一只股票，并赚取小额的收益，但是他还会买进另一只股票并一直持有，特别是当该笔交易出现了亏损——他会一直持仓直到亏损达到10个点、20个点甚至30个点。这种做法不仅使得他的资金开始缩水，还有更重要的一点——很少人会意识到的一点，这就是由于进行这些没有收益的交易而错失的机会。

每一名商人或者制造商都努力让资金在一年的时间里尽可能更多次地周转。如果部分资金被冻结的话，就只有用剩下的资金来周转了。这样一来，他当期的净收益会远低于应有值，因为他错过了很多机会，不能在有吸引力的价位购买心仪的产品，并进而周转全部营运资金。这是利弗莫尔先生一直特别规避的情形。

利弗莫尔的目标是能够周而复始地获取各个投资机会带来的好处，在

正确的时机买进正确的股票，在股价向着预期的方向

变动时持有这些股票。因此，他会卖掉那些"难以上

涨的"股票，就像一名老练的保龄球选手希望球童清

理掉躺在竖立的瓶子之间的被击倒的瓶子。

为什么他总是为机会做好了准备

　　每隔一两年，股市都存在巨大的机遇，可以在股

价的恐慌性底部或者经历严重下挫后抄底，或者从泡

沫的高位大幅做空。如果利弗莫尔先生大量做多或者

做空都只是凭借着"希望"这些交易最终是正确的，那么他进场开展自己最重要的交易，在股市出现这些关键点位时，他的判断就不会如此清晰。

股票下跌时及时止损，与预期相反时立刻卖出，这两个交易规则使得利弗莫尔既能限制风险的程度，又能限制在一项交易中运用资金的时间长度。这样，他既有了价格止损的方法，也有了时间止损的方法。

总　结

对于股价的运行方向，如果自己的判断有误，利弗莫尔就会快速退出交易，而不会等待几个点再退出；如果股价在数天之内没有表现出应有的走势，他也不会在该笔交易中多做停留。

这两个方法也许可以被称作利弗莫尔交易方法的命脉。因为这两个方法使得利弗莫尔的资金能够持续地周转，并确保他能够立即抽调资金投向当下最有前景的市场机会。

CHAPTER 7

第 7 章

利弗莫尔交易的股票类别

THE KIND OF STOCKS IN WHICH TO TRADE

前文已经讲到，只有在确保最低预期收益时，利弗莫尔先生才会进行交易。此外也介绍了他如何从自己的股票篮子里剔除不符合他预期波动的股票。现在我们来看看他所交易的股票类别。

　　显然，如果他的目标是实现至少10%的收益，那么他不可能将注意力和资金放到那些在绝大多数时间里处于狭小波动区间的股票上。诚然，这些股票可能出现10%的浮动，但是这大概要花上几个月的时间来实现，所以让交易者失去了在更加活跃的股票上获取利润的潜在机会。总的说来，他的操盘方法是剔除蓝筹股，除非这些股票正处在前景十分光明的形势下。他倾向于交易价格迅速变动的股票——有着很大波幅的股票，即市场中的龙头股。这些通常是最活跃的板块中最好的股票——这些股票波动最快而且波幅最大。利弗莫尔就是从这些股票中获取了最可观的收益。

我的意思并不是说有些股票对他来说是禁忌。只要他认为收益可能性远大于承担的风险，他都可能投资。他从一些价格较低的股票中也赚取了大笔的钱，而且在考虑了所有因素后，这样的收益很让人满意。如果以10美元的价格买进股票，股价涨到20美元，那么，所投入的资金获得了100%的收益；而一只高价股必须从200美元涨到400美元才能获得与之相等的收益率。然而，股价从10美元涨到20美元所跨越的点数，与股价从200美元涨到400美元所跨越的点数相比，有着巨大的差异，而利弗莫尔追求的是更大的点数。

在股价为10美元的情况下，利弗莫尔会很自然地直接买进，此时他承担的风险是10个点，或者如果不利的走势出现，他可以选择在下跌10个点之前就卖出止损。但是当买入高价股，而买进之后股价下跌了几美元时，他就不会再采用上面的策略了。因为比如以

200美元买进，股价在买进之后下跌到193或190美元，这说明之前他得到的上涨指示信号已经失效。这些决策取决于当时市场的特征，以及这只股票和该板块中其他股票的表现。正如我们常说的，每只股票的市场情形是不一样的，必须通过它自身的特点来判断。按照利弗莫尔的操作，对于股价为10美元和200美元的股票，其相应的风险差异不会像其价格差异那样明显增加；但是购买高价股票的真正动机正是它数值大，这意味着当购买大量股票且判断正确时，可以获取高额的利润。

利弗莫尔曾说过："坚决做多强势行业中的强势股票。"

当然，利弗莫尔并非对某一类股

票情有独钟，但是，进行大量的整手交易，同时还希望股价迅速反应并且波幅巨大，利弗莫尔的选择范围就比那些交易对行情几乎没有影响的普通人更窄。利弗莫尔与华尔街那些银行基金所持有的头寸也不一样。这些机构的交易量巨大，而且需要一定的交易时间，以至于如果想要吸筹足够的话，需要10个点的股价波动；如果需要派筹，又需要10个点的股价波动。因此，除非行情要求他迅速行动，大多数情况下，利弗莫尔能在少数几个点位的波动区间中获得大部分他想要的筹码。利弗莫尔的交易往往涉及一组股票，当他进行个人账户的交易时，利弗莫尔在任何一只股票的交易上都可以灵活运作，但是当他作为基金经理操作涉及几十万股的一组股票市场基金时，他在股票上的交易就不那么灵活了。

利弗莫尔想要"波动的"股票

总而言之，利弗莫尔想要的是波动——快速波动，而且波幅巨大的股票。

对于想要在股票交易中取得成功的人来说，有一个建议是：选择合适的股票十分重要。结合前面讲过的利弗莫尔先生得出的宝贵规则，读者此时应该明白在股票市场中取得成功所需的一些要素。

许多读者会坚定地对自己说，"那

些规则对利弗莫尔先生而言是非常合适的，但是我有

自己的见解"。你可以有自己的见解，但是鉴于公众

投资者的诸多经历，笔者对这些自以为比利弗莫尔或

者其他人懂得多的人有一个很简单的建议：忘掉你知

道的或者你以为你知道的关于股票交易的东西，采纳

上面的这些规则。到最后，你的境况会比坚持自己有

瑕疵的想法大大改善——这项交易活动如此复杂，就

连最成功的操盘手都要经历许多年的实践和打磨。

CHAPTER 8

第 8 章

利弗莫尔的累进战术

LIVERMORE'S METHOD OF PYRAMIDING

本书前面的章节提到过，杰西·利弗莫尔的交易方法与已故的詹姆斯·R.基恩的交易方法类似。其中的一点就是，利弗莫尔多次用小规模资金赚取了丰厚的收益。

在19世纪90年代早期，基恩操作着一只投资于美国绳业公司（National Cordage）的共同基金。当时市场正处在1893年大恐慌之前的一种非健康状态。基恩竭力将公司股价做高，但之后整个基金都崩溃了，基恩截至当时所积累的巨额财富差不多损失殆尽。当清算完毕后，基恩只剩下3万美元。然而就用这笔钱，他重新积累起了数百万美元的财富。

有一天，一位知名的新闻记者拜访了基恩，并给他带去一些消息，告诉他泽西中央公司（Jersey Central）的一个子公司陷入了财务困境，结果对泽西中央公司而言会很糟糕，当时泽西中央公司的股票市价在70美元左右。我不知道这是否是诱骗基恩做空的陷阱，但是看上去令人怀疑是个圈套。基恩开始抛售泽西中央公司的股票，并劝说其他股东对该公司施行破产清算程序，但是在当时的股价水平上，基恩发现泽西中央公司有很强的支撑。在他差不多竭尽全力做空之后，股价开始上涨。当股价上涨到80美元的时候，他意识到自己犯了错，因此他转变立场，反手做多。

基恩蒙受了巨大的亏损，自己的3万美元本金也大幅受损，但是这些并没有让他气馁。基恩尽可能地做多，当股价持续上涨的时候，他继续加仓。从他起初开始做空的位置算起，股价上涨了将近100点，但是截至这个时候，基恩的3万美元初始营运资金已经增长到了170万美元，这让基恩重新站稳了脚跟。

1906年12月，利弗莫尔看到了做空的机会，他极其清楚地预见了即将爆发的危机，于是他建起了中等规模的空头仓位。利弗莫尔做空的股票每下跌一个点，就会给他带来更多的操作余地，他就迅速抓住机会。利弗莫尔按照经纪人允许他做空的额度不断抛售股票，当1907年上半年恐慌爆发时——也就是在他开始做空的数月之后——他赚取了100万美元。

从商品投机中汲取经验

在1907年，累进战术对利弗莫尔而言已经不是什么新鲜事物了，尽管自那以后利弗莫尔对这种交易方法的某些细节进行了调整，但他从未失去利用时机的能力。在这么做的时候，他常引用成功的棉花投机商迪克森·G.沃茨的书，书中说道："**最好在股价上**

涨而非下跌时运用累进战术。这个做法与大众通常认为并采用的做法正好相反，大众通常是先买进，然后在股价下跌时买进更多。这种做法不断拉低平均价。也许五次之中有四次，市场可能停止下跌。但是在第五次中，一旦碰上了永久性的市场下跌，操盘手将损失殆尽，被迫出局，这种巨额的亏损通常是毁灭性的，亏损程度之大足以让人完全一蹶不振。在上涨行情中使用累进战术恰恰相反，那就是一开始建立起中等规模的仓位，当市场上行时，缓慢而谨慎地加仓。这是一种需要十分小心和谨慎的投机方式。"

当然，这种交易手法并非由沃茨先生创立，该方法的历史和华尔街一样悠久。许多投机交易所获得的财富都是得益于这种方法。艾迪森·卡麦克（Addison Cammack）常说，"上帝站在强者一边。"作为一名著名的空头，艾迪森·卡麦克曾用累进战术在股价下跌的过程中将股价打压得越来越低。

大约18个月之前，我曾和利弗莫尔先生一起探讨累进战术的优势所在。我告诉他说，我曾见过一些人运用这种交易手法，他们只用了很少的资金，就取得了丰厚的回报。利弗莫尔当时比较倾向于一次性全部完成买进或者抛售，但从那以后他调整了手法。在股价最开始波动几个点的时候，他会采取一种可以被称作"有限累进战术"

的做法。如今，他认为采用这一战术的最佳做法是，首先，建立一部分底仓；当市场行情确认了其观点的准确性时，双倍加仓；如果行情纸带上出现了进一步的利好情况时，就完成全部的建仓。当他这样操作大量股票时，他的买进行为自然而然地充当了价格推进器的角色，推动股价朝着心仪的方向运动。

重大决策的制定需要冷静的头脑

利弗莫尔先生还采纳了沃茨另一个十分有利的交

易规则，那就是："**所有投机活动的基础原则在于保持头脑清醒，这样判断才值得信赖**。因此应当储备力量，等待重大时刻的到来，在这一时刻来临之际，就将全部力量聚焦于自己的重要决策。"

正是在这些重大的时刻——牛市的顶点，以及带来恐慌的多年熊市低点——利弗莫尔完成了他卓有成效的工作。因为他强烈地意识到，在恐慌状态的熊市中平掉空头仓位转手做多，以及在疯狂上涨的市场中退出多头仓位转手做空都有着巨大的优势。我不是说利弗莫尔总能挑中合适的时机，但是在过去的许多年里，他在这方面的平均准确率毫无疑问要比任何其他成功的操盘手都高。因为在这些时刻，他的累进战术和耐心等待巨幅波动的操作手法被运用到了极致，他也建好了仓位，等待下一次相反方向的巨幅波动。

这种建仓的手法就像是盖楼时打地基——根基打得越深，建筑就会越坚固牢靠。当利弗莫尔在熊市进行这种建仓时，他就对市场反转运动的可能性极其敏感，并留心守候着真正的买进机会。如果判断正确，那么从这里开始，他就开始进行累进操作，并且几乎稳操胜券。利弗莫尔的经验表明，一般来讲，在远离初始建仓价位的地方进行累进操作是不明智的，因为这样一来，平均价格就会发生巨大变化，市场中任意一个不利反应都可能使交易陷入巨额的账面亏损。这就是利弗莫尔钟爱的"有限累进战术"的基石所在。

总 结

在这个采访中最让我感兴趣的是，利弗莫尔先生仅仅是在他成为一名投机型投资家之后，才凭借与生俱来且后天加强了的行情纸带解读能力，在买卖证券方面取得了成功。他主要的操作方法就像商人一样——准确地预见特定商品的未来需求，买进并耐心等待获利机会。相应地，当他预见到未来会出现超额供给时，就签订合约在未来买进商品，因为他相信那时候商品的售价会更低。利弗莫尔先生说："**股市中的成功并无神秘之处。想要在市场中取得成功，投资者必须具备经济学基础，并且熟悉各种情况。**"

利弗莫尔这些经验的宝贵价值在于，它指出一个不以投资或投机型投资作为职业的普通交易者不必天赋异禀，照样能从股市中赚钱。

尽管很少有人天生就是伟大的操盘手，利弗莫尔先生的交易方法却表明最佳的结果不是源自频繁的交易，而是来自对市场和商业环境的影响因素的仔细研究。

量价分析

量价分析创始人威科夫的盘口解读方法

著者：（英）安娜·库林
ISBN：9787515344379
定价：59.00元
出版社：中国青年出版社

美国亚马逊量价分析主题图书长期排名榜首。

威科夫量价分析法至今被华尔街所有投资银行奉为圭臬。

杰西·利弗莫尔、J·P·摩根、理查德·奈伊所倡导的盘口解读法。

内容简介

每一次我们进行交易时，都会面临这样一个问题，"接下来的价格会是什么样的？"量价分析将提供答案。在交易中只有两个最重要的指标。一个是价格，另一个是成交量。如果孤立地看这两个指标，我们得到的信息不多，但如果将这两个力量相结合，就会产生一个非常有力量的分析方法。

量价分析之父理查德·威科夫曾多次采访杰西·利弗莫尔、J·P·摩根，发现这些大师都拥有一个共同点：就是将行情纸带作为投资决策的依据，通过价格、成交量、时间、趋势发现最基本的供求规律。他们都是盘口解读的倡导者。

本书详细阐述了理查德·威科夫分析方法的精髓，系统介绍了量价分析方法的各个层面，用简单易懂的方式解释其中的常识与逻辑，包括量价分析的首要原则、市场是如何被操纵的、需要注意的重要的K线图形态、支撑位与阻力位、动态趋势和趋势线、价量分布分析，所有这些构建起了完整的量价分析法。

本书是从局内人（做市商）的视角写作的，阐释了局内人的行为轨迹，以及为什么量价分析是帮助你真正看到市场内部行为的唯一方法。作者帮助你洞察他们的行为，识破他们的伎俩，破译市场信号，跟随他们的行动，在他们买入的时候买入，在他们卖出的时候卖出，成为局内人以外的能够从市场中获利的群体。

行为投资学手册

投资者如何避免成为自己最大的敌人

著者：（美）詹姆斯·蒙蒂尔
ISBN：9787515345499
定价：39.00元
出版社：中国青年出版社

● 被评为"华尔街人必读的22本金融佳作"之一。

●《怪诞行为学》作者丹·艾瑞里倾情推荐。

● 3小时迅速摆脱投资中常见的行为偏差和心理陷阱。

● 妙趣横生的行为金融学视角，突破传统金融学局限。

内容简介

"华尔街教父"本杰明·格雷厄姆说过："投资者面临的首要问题，乃至投资中的首要敌人，很可能就是其自己。"行为金融学家詹姆斯·蒙蒂尔将带你认识常见的行为偏差和心理缺陷，并提供了大量简单有效的规避策略。书中还讲述了许多成功投资家有据可考的轶事，包括巴菲特、索罗斯、卡拉曼等。你可以从这些出色的投资者身上学到如何应对侵蚀收益的行为偏差。

事前准备，制定并遵守规划；在冷静状态下进行投资研究；专注于洞察现状，不要试图预测未来；在投资中关注过程而非结果……本书提供了一系列历经了时间检验的有效方法。遵循这些简单的方法，投资者就能学会战胜投资中首要的敌人——自己。

名人推荐

《行为投资学手册》对于任何想要理解人性与金融市场互动关系的读者都是一本重要的参考书。

——丹·艾瑞里，杜克大学行为经济学教授，《怪诞行为学》作者

不论身在何处，投资者都能够通过阅读本书更好地投资获利。

——杰夫·霍克曼，富达国际投资技术分析研究总监

"认识你自己。"克服人类直觉是成为优秀投资者的关键。如果不读这本书，就很难做到理性。

——爱德华·博纳姆–卡特，木星资产管理公司首席执行官兼首席投资官

在投资过程中，成功意味着在大多数交易中做出正确的选择。相对于其他书而言，本书是投资者通往该目标更好的起点。

——布鲁斯·格林瓦，哥伦比亚大学商学院教授